LK 11/114

MÉMOIRE

PRÉSENTÉ

A M. LE MINISTRE DE LA MARINE ET DES COLONIES

SUR

QUELQUES AMÉLIORATIONS

A APPORTER A LA

COLONIE DU SÉNÉGAL,

PAR

M. HÉRICÉ,

Négociant, membre du conseil général de la colonie, du Comité du commerce, conseiller
notable de la Cour d'appel, ancien membre du conseil privé, etc.

PARIS,

IMPRIMÉ PAR PLON FRÈRES, RUE DE VAUGIRARD, 36.

—

1847

1846

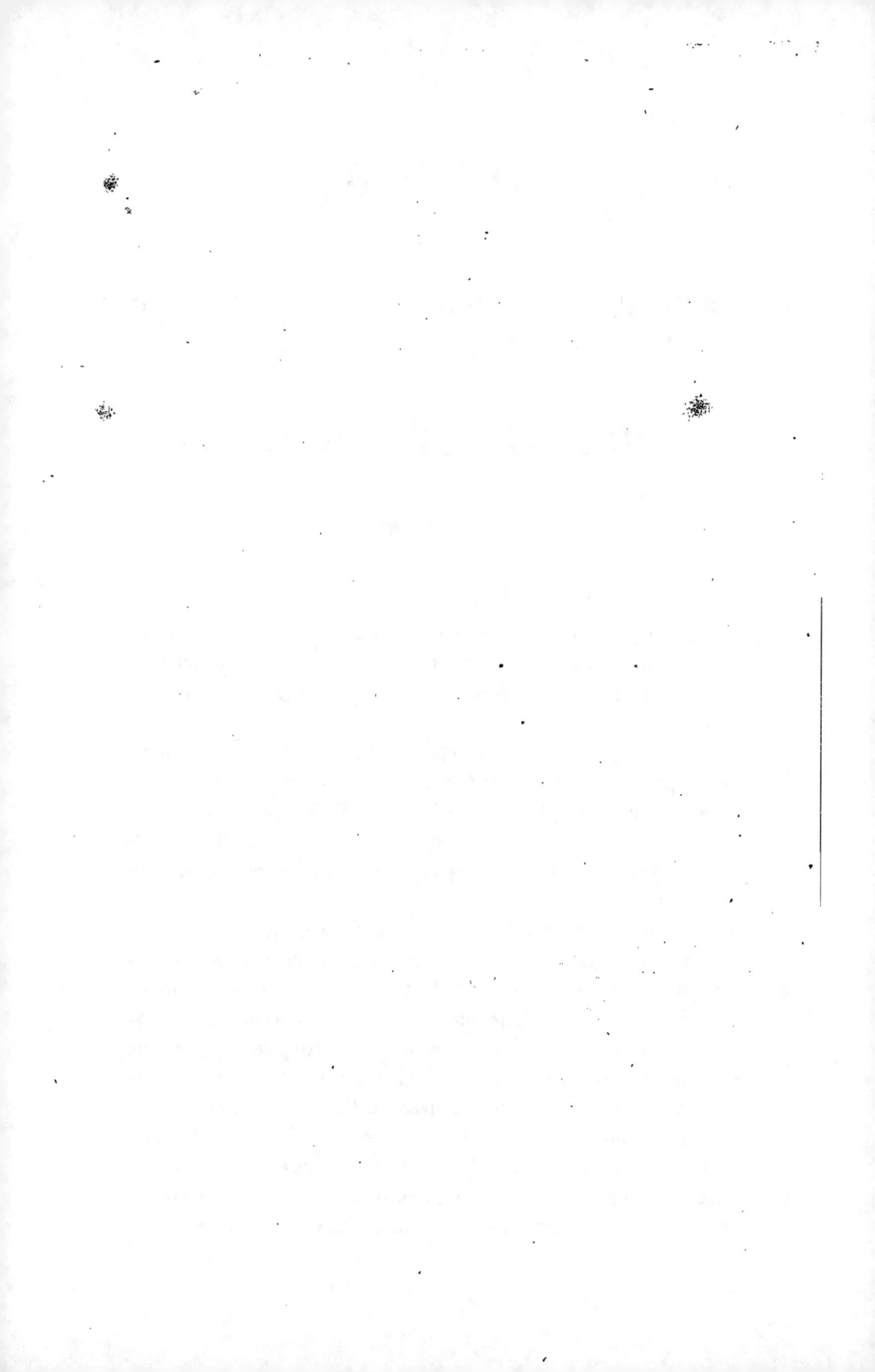

MÉMOIRE

SUR

QUELQUES AMÉLIORATIONS A APPORTER

A LA

COLONIE DU SÉNÉGAL.

Le Sénégal est peut-être de toutes nos colonies la moins connue, la moins appréciée de la métropole, et la seule cependant qui offre, en réalité, le plus de ressources à notre commerce extérieur dans l'avenir.

Depuis fort longtemps les côtes occidentales de l'Afrique ont été explorées par les navigateurs français; leurs premières expéditions datent du milieu du XIVe siècle. Saint-Louis du Sénégal et Gorée sont les comptoirs les plus anciens et les seuls qui aient survécu aux guerres désastreuses et aux rivalités suscitées par les nations étrangères dans cette portion de l'Afrique.

Le comptoir de Saint-Louis a eu en outre à supporter de la part des peuplades indigènes, Maures et Nègres, bien des entraves dans ses relations commerciales, dans ses tentatives de colonisation agricole, dans ses efforts pour y introduire quelques-uns des bienfaits de la civilisation européenne. Le gouvernement de la métropole en est presque découragé. Il est resté malheureusement dans son esprit une prévention contre tout développement possible au profit de la colonie soit dans son commerce, soit dans ses essais de plantations; il est demeuré convaincu que la terre y est rebelle à toute culture, et que les peuplades de l'intérieur sont encore ce qu'elles étaient il y a vingt-cinq ans, ennemies indomptables de la civilisation. C'est une erreur.

Aujourd'hui, grâce à la sollicitude du gouvernement local, au concours éclairé et actif des commerçants, la meilleure intelligence règne, non-seulement entre la colonie de Saint-Louis et les peuplades indigènes voisines, mais encore entre les peuplades elles-mêmes. De guerrières et pillardes qu'elles étaient autrefois, elles sont devenues commerçantes et industrieuses, cherchant chaque jour à se mettre en rapport avec nous. Un avenir prospère, florissant, semble donc se présenter à la colonie et offrir au commerce, aux capitaux français, aux entreprises industrielles un champ d'autant plus vaste, d'autant plus avantageux qu'il est sans rivaux. L'extension à donner au commerce du Sénégal serait vers l'intérieur du continent africain, vers les sources du fleuve, pays riches en produits minéraux et végétaux sans débouchés. L'agriculture coloniale et européenne importée dans ces contrées y florirait en peu de temps : car, malgré les préventions qui existent contre la fécondité du sol, il est prouvé que toutes les plantes des Amériques, de l'Asie et de l'Europe y prospèrent réellement.

J'ai cru devoir faire précéder les observations que je présente sur le commerce et l'agriculture du Sénégal, de quelques considérations sur les habitudes et les mœurs de la population de Saint-Louis, afin que le gouvernement et tous ceux qui s'intéressent à la prospérité de cette colonie, soient bien fixés sur son caractère et sur son importance relative. De grandes améliorations y sont vivement sollicitées, améliorations que je démontrerai dans les chapitres qui y sont consacrés.

Vingt-sept ans de séjour dans le Sénégal et des rapports multipliés avec les peuplades indigènes, m'autorisent, en quelque sorte, à éclairer e gouvernement sur notre commerce et sur les avantages qu'il trouverait à seconder, dans leurs honorables efforts, les entreprises particulières ayant pour but principal d'agrandir nos relations avec l'intérieur du pays et d'y fonder des établissements agricoles.

CHAPITRE PREMIER.

DISETTE ET CHERTÉ DES VIVRES A SAINT-LOUIS; LEURS CAUSES.

Dans les premiers jours de juin dernier, lorsque je quittai la colonie du Sénégal, la population de Saint-Louis était menacée, sinon d'une famine complète, du moins d'une grande cherté et rareté de mil et de riz. Cela ne tenait point à l'infériorité de la récolte, qui, dans le Cayor surtout, avait été passablement belle, mais à ce que le mil étant devenu, depuis quelque temps, d'une indispensable nécessité pour les Maures du désert, il est un des articles principaux donnés aux escales en échange de la gomme. Il en résulte que tout ce grain jadis importé dans la colonie est aujourd'hui acheté et soigneusement emmagasiné par les négociants et par les traitants, pour être ensuite expédié à la traite, et que, craignant d'en manquer, on fait des marchés à livrer quelquefois à cinq et six mois à l'avance dans Saint-Louis et à Gorée, avec des personnes adonnées exclusivement à ce commerce. On n'attend plus que le mil du Cayor nous soit apporté par les habitants de ce pays. Les traitants envoient de nombreux acheteurs sur les marchés de Gandiol et jusque dans des villages très-éloignés où ces envoyés se font une concurrence des plus outrées, et de telle sorte, que les chefs de Gandiol eux-mêmes, reconnaissant l'abus de ce désordre, arrêtent souvent la traite du mil et forcent les acheteurs de Saint-Louis à agrandir la mesure dont ils se servent. Ainsi, tout le mil qui arrive de la Gambie, de Gorée et du Cayor, est destiné et envoyé en rivière, tandis que celui traité dans le Fouta et dans le Marigot de Duai ne descend plus à Saint-Louis, mais demeure aux escales pour y être échangé contre de la gomme.

Il est facile de comprendre que la ville de Saint-Louis demeure souvent dépourvue de subsistance; et que souvent aussi, à cause de son affluence, le mil est à beaucoup près à meilleur marché aux escales pour les Maures, que pour nous-mêmes sur notre place. C'est un fait incontestable. Et si l'on objectait qu'il n'y a jamais eu de famine réelle à Saint-Louis, nous répondrions que nous sommes à la veille d'en éprouver par le prix exorbitant qui empêche, même les moins nécessiteux, de se pourvoir de cette nourriture indispensable à la population noire.

Malheureusement on ne cherche à apporter des remèdes efficaces à cet état de chose que lorsqu'il n'est plus temps de les appliquer; c'est-à-dire, que lorsque tout le mil qui était sur notre place est parti pour le haut du fleuve, que tout arrivage a cessé et que la hausse excessive s'est fait sentir. Il ne peut en être autrement, parce que l'autorité supérieure, malgré tout son zèle pour le bien de la colonie, est dépourvue de moyens répressifs, et n'est prévenue des dangers d'un pareil accaparement que par les plaintes qui surgissent du sein de la population affamée.

CHAPITRE II.

ÉTRANGERS NUISIBLES A LA COLONIE.

Cette situation pénible de la colonie, trop souvent renouvelée, est encore aggravée par un autre fléau dont la destruction est importante, car son accroissement envahit de plus en plus notre cité. Je veux parler de cette affluence d'étrangers venus de tous les pays, pour mettre la bonne foi et la charité de notre population à contribution. Je veux parler de cette foule de gens plus qu'inutiles, qui nous dévorent et importent la famine, la corruption, le fanatisme, la superstition, le trouble dans les familles, le poison, les maladies incurables en échange des rapides fortunes qu'ils font aux dépens de la crédulité des faibles habitants noirs de Saint-Louis.

Ces individus se divisent en une infinité de classes. Ce sont les marabouts, les griots, les tollets et les lions, les mendiants lépreux, aveugles, mutilés et demi-monstres; ceux qui sont atteints de maladies vénériennes incurables; enfin, la pourriture de toute la Sénégambie.

Puis une foule d'individus, sous la dénomination de manœuvres, très-bien habillés, gros et gras, et inoccupés, et surtout très-insolents. On ne peut que deviner leurs moyens d'existence, peu licites sans doute.

Ces différentes castes, dont le personnel, à Saint-Louis, s'élève au moins à douze cents individus, s'insinuent clandestinement dans l'île, et y circulent avec précaution afin de ne pas éveiller les soupçons de la police. Connaissant le caractère bon, sensible et charitable des habitants indigènes, alléchées d'ailleurs par l'exemple de leurs devanciers, elles exploitent cette disposition d'esprit avec un si grand succès, que quelques années leur suffisent pour faire leur fortune et retourner dans leur pays y vivre tranquillement.

Les marabouts étrangers sont, sans contredit, ceux qui font le plus de mal à notre colonie : c'est la classe la plus dangereuse ; et il serait de la plus haute importance que l'autorité lui interdît à jamais l'entrée de l'île. Une partie de la population connaît la conduite infâme de ces individus et les métiers qu'ils exercent ; s'ils travaillent dans l'ombre de la nuit, leurs crimes n'en sont pas moins connus ; et s'ils ne sont pas réprimés, si la population noire ne les dénonce pas à l'autorité, on ne doit l'attribuer qu'à la crainte que ces hommes inspirent ; car, à la moindre résistance qu'ils éprouvent, leur vengeance a des armes terribles et infaillibles.

Les habitants du Fouta sont les ennemis naturels de Saint-Louis. C'est principalement de ce pays que sortent les marabouts qui encombrent nos rues. Ils sont féroces, despotes, vindicatifs ; ils exècrent la chrétienté et mettront tout à sang pour s'opposer à son agrandissement. Tous ces vices sont cachés sous le manteau de la modestie et de la religion. La mission apparente de ces prêtres est, pour quelques-uns, plus lettrés que nos pacifiques marabouts de l'île, l'instruction de la jeunesse mahométane. On doit se faire une idée des principes que reçoit cette jeunesse tant à l'égard de notre religion qu'à celui de la politique du gouvernement. D'autres exercent la médecine, et tous ensemble écrivent et vendent des *grisgris* ou talismans réputés d'une vertu incontestable.

Telle est la foi de la population indigène dans ces talismans, qu'elle ne craindrait pas d'oser commettre les plus grands crimes, si son caractère l'y portait, sans songer aux châtiments sévères qui en seraient les suites, s'ils venaient a être découverts.

Veut-on, par exemple, se défaire d'un rival, d'un ennemi, d'un fâcheux? on demande à un de ces marabouts un talisman. On le paye fort cher; et le poison est habilement administré par le vendeur, à l'insu du vendeur, qui en attribue l'effet au grisgris. Veut-on commettre un vol et éviter d'être découvert? on achète à prix d'or un talisman préservatif et le vol est commis. Une femme, mariée ou non, est-elle convoitée? le poursuivant se munit d'un talisman qui produit toujours son effet, surtout aidé de la perfide séduction de son auteur. Un esclave veut-il déserter et rendre à son égard les poursuites infructueuses? il prend un grisgris et part chargé de butin. Un marabout est-il appelé par un malade? il le déclare ensorcelé, dominé par le maléfice; il fait tomber l'accusation sur l'être le plus inoffensif, qui risque désormais d'être écartelé par la foule superstitieuse. Veut-on connaître l'auteur d'un incendie? c'est un marabout étranger qui a mis le feu ou qui l'a fait mettre. S'agit-il d'une jeune fille à séduire, qui craint le scandale d'une maternité criminelle? une délivrance clandestine et sûre lui est promise; et si elle est sauvée de la publicité, elle ne l'est pas toujours de la mort, qui suit trop souvent cette malheureuse opération.

Les exemples que je viens de citer sont malheureusement très-fréquents. On attribue avec raison toutes les dissensions dans les ménages, les crimes et délits qui se commettent à Saint-Louis, fomentés, entretenus et exécutés en partie, à ces hommes dangereux. Leur influence est si grande et d'un si fâcheux effet, qu'à elle seule on peut attribuer le peu de succès qu'obtiennent les généreux efforts de nos ministres de la religion chrétienne à faire des prosélytes. Cette fascination ne se fait pas sentir chez les musulmans seulement, mais encore dans l'esprit des notables habitants chrétiens, qui ne peuvent pas toujours se défendre contre la superstition que leur a inculquée a fréquentation blâmable des marabouts.

Les marabouts retirent de grands profits de l'exercice de leurs nombreuses professions. Ils imposent des contributions, exercent des expropriations clandestines; l'or, les bijoux, les effets à usage, les denrées, tout leur est bon, tout est reçu par eux avec empressement.

Les *griots*, les *tollets* et les *lions* sont ce qu'on peut appeler les saltimbanques de l'Afrique. Ils appartiennent à des castes de parias méprisées et dont l'alliance est repoussée par les autres castes. Ils nous arrivent en grand nombre du Cayor, du Yolof et du Waloo; et, si les marabouts professent les crimes, ceux-ci pratiquent et affichent publiquement la corruption des mœurs. Ils n'ont aucune religion. L'habitude de la débauche les tient continuellement dans un état semblable à la brute; les hommes et les femmes sont presque toujours ivres.

Les griots, comme les marabouts, vivent aux dépens de la population sénégalaise et lui arrachent presque de force le salaire peu mérité de leur vile profession, qui consiste à battre le tam-tam pour amuser la jeunesse; puis à jouer la comédie, avec ballets et chants, aux coins des rues où ils s'attroupent; mais tout cela est si indécent, si outrageant pour les mœurs et la morale, qu'il est vraiment étonnant que la police n'ait pas encore ouvert les yeux sur de semblables horreurs.

Les griots accostent effrontément les passants, les suivent, les chantent et les accablent tellement de louanges, qu'ils finissent par leur escroquer leur monnaie ou une partie de leurs vêtements. Ils vont jusqu'à domicile exercer leur métier. Chose étrange! Tout le monde se plaint publiquement de l'impudence de ces gens-là, qui vous dépouillent impunément, et on ne les chasse pas!

Les tollets poussent l'excès de l'attentat aux mœurs encore plus loin. Dans leurs bacchanales, dans leurs danses lascives, ils se découvrent et se livrent aux contorsions les plus obscènes, les plus déhontées, capables de faire baisser les yeux les moins chastes. Cela se passe en plein jour, en présence d'une population avide de curiosités, il est vrai, et souvent sous les yeux de personnes respectables qu'un hasard inopiné y a conduites. Ces infâmes jongleurs se font payer le spectacle scandaleux qu'ils imposent à la population par le même procédé que les griots, par une fatigante obsession.

Les lions sont les saltimbanques les moins dangereux. Ils se disent mordus par de vrais lions, et se prétendent atteints d'accès semblables à ceux de la rage. Ils feignent, par intervalle, d'être dominés par l'esprit carnassier de leur père adoptif, et, comme lui, mordent ceux qui veulent bien se laisser mordre. La foule s'assemble.

Par des battements de mains et de tam-tam on calme le lion qui finit par danser, et ramasser l'argent jeté par les imbéciles qui croient à cette métamorphose.

De semblables obscénités s'opposent certainement à la civilisation de la population indigène, naturellement avide de ces sortes de spectacles. Aussi faisons-nous des vœux pour que l'autorité veuille bien en délivrer la colonie.

Un étranger nouvellement arrivé à Saint-Louis doit croire que notre ville est un dépôt d'infirmités de tout genre et de misères incessantes. En effet, la quantité de mendiants infirmes qui se traînent de maison en maison est effroyable ; eh bien ! dans cette foule rampante et infecte, il n'existe aucun enfant de Saint-Louis. Tous ces lépreux, tous ces invétérés de maladies contagieuses et incurables, ces aveugles, ces estropiés, ces inutilés arrivent par troupes de tous les pays environnants et viennent empoisonner par leur exhalaison fétide l'air que nous respirons avec dégoût. Leur aspect répugne à la vue ; et malgré le sentiment de charité qui a toujours animé, on peut le dire, la population de Saint-Louis, elle est fâchée que ces étrangers impurs viennent, par cupidité, montrer à sa vue ce qu'elle payerait volontiers pour ne pas voir.

Nous avons déjà dit que l'indigène de Saint-Louis est charitable par excès. Il n'est pas rare de voir de pauvres noirs se priver de leur pain pour le donner aux mendiants. Cette qualité, dégénérée en faiblesse, est si bien connue de cinquante lieues à la ronde, que, de cette distance, arrivent ces spéculateurs dégoûtants. Ils se font journellement de bonnes recettes en mil. Ce mil est converti en argent, puis en marchandises, en captifs, et après avoir fait fortune, après avoir cédé leurs places, par droit de succession, à de nouveaux arrivants, ils regagnent paisiblement leur pays.

De soi-disant *manœuvres* forment la quatrième série des étrangers nuisibles à Saint-Louis. Ils appartiennent principalement à la nation des Saracolets de Galam et des Toucoulors. Ces individus sont presque tous bien nourris et très-bien habillés, et cependant ils sont livrés à une inaction continuelle. On les voit étendus dans les rues au soleil par troupes de 25 à 30. S'il advient qu'on ait besoin de manœuvres et que l'on s'adresse à eux, ils répondent à votre offre du salaire ordinaire de la journée par une demande de quatre ou cinq fois plus forte et par des ricanements insolents. Leurs moyens de subsistance étant inconnus, doivent être illicites; nécessairement ils doivent se livrer au vol, à la rapine, à la mendicité nocturne, car on mendie aussi la nuit. S'il faut en croire l'opinion publique, ces misérables séduisent des femmes et dévorent ce qu'elles possèdent, ce qu'elles gagnent. Pour remédier à de pareils maux, il faudrait prendre une mesure de police générale et sévère contre ces hommes, fléau de la colonie.

L'île a un besoin incontestable de manœuvres étrangers, il est donc nécessaire de les admettre; mais ne conviendrait-il pas d'aviser, autant que possible, à ce qu'ils ne soient pas à charge à la colonie? ne serait-il pas convenable qu'une mesure administrative les forçât de se présenter chez le maire, en arrivant à Saint-Louis, pour se faire inscrire et classer? Chacun d'eux serait obligé de porter en sautoir une plaque de fer-blanc sur laquelle serait le numéro de sa classe. Il faudrait pouvoir, lorsqu'ils ne sont pas occupés, les forcer de travailler; car, puisque la colonie leur donne l'hospitalité et des moyens d'existence, ne doivent-ils pas à la colonie un travail convenablement rémunéré? est-il juste qu'ils refusent, soit par caprice, soit par d'autres motifs plus ignobles, d'exécuter des travaux dont les colons ont le plus pressant besoin? Tous ceux qui refuseraient de travailler sans raison motivée, devraient être chassés immédiatement de la colonie. Par ce moyen on ne verrait plus aux coins des rues ces bandes de désœuvrés, honte et danger de notre société.

Ainsi, si aux causes de la pénurie de vivres que nous avons indiquée plus haut, vient se joindre cette masse d'étrangers affamés et importuns, on concevra combien, par leur présence, le mal se trouve aggravé; et si, à côté de ce fait matériel, on fait ressortir pour la morale les effets pernicieux de leur conduite, nous devons espérer qu'après avoir écouté nos justes plaintes le gouvernement de la métropole, unissant ses efforts à ceux du gouvernement local, n'hésitera pas à nous délivrer d'un fléau bien cruel pour tous, mais surtout pour les indigènes noirs.

Maintenant que j'ai fait connaître les étrangers essentiellement nuisibles aux bonnes mœurs et au bien-être de la colonie, je dois en signaler d'autres qui ne le sont pas moins, quoique d'une manière moins hostile, aux intérêts privés des habitants du Sénégal.

Lorsque l'île de Saint-Louis était encore presque déserte, que d'immenses terrains étaient vacants, on conçoit que l'on devait admettre indifféremment tous les étrangers qui demandaient à s'établir parmi nous. Mais comme, depuis ce temps, l'état de la colonie a considérablement changé, on devrait y apporter des restrictions qui me semblent indispensables. Depuis la reprise de possession, c'est-à-dire depuis 1817, tous les étrangers qui se sont présentés pour s'établir ont été admis; tous ont participé à tous les avantages du commerce de la colonie; tous ont joui des mêmes prérogatives que les natifs; en un mot, beaucoup sont devenus habitants et propriétaires. Mais aujourd'hui toutes les places se trouvent être prises; la population intérieure a atteint un degré d'accroissement surabondant; l'île n'offre plus assez d'emplacement pour des établissements nouveaux. En raison de cet accroissement d'habitants, les ressources d'existence sont devenues insuffisantes. Le commerce local, seul revenu de la colonie, est exploité par une si grande masse d'individus, qu'il serait urgent d'interdire à l'avenir l'entrée de l'île aux étrangers qui se présenteront pour s'y fixer. Car, est-il juste que des étrangers qui peut-être porteront un jour les armes contre nous, viennent ravir aux natifs de Saint-Louis la seule ressource qu'ils possèdent pour vivre? Nous ferons remarquer en outre, que beaucoup, parmi ces étrangers, sont logés gratuitement dans des cases en paille; qu'ils ne sont assujettis à aucune dépense; que ne payant aucun impôt ils peuvent exercer une concurrence ruineuse pour les habitants régulièrement établis et surchargés de frais. Ils fraudent les droits du fisc et nous ravissent des bénéfices sur lesquels nous avons quelques prétentions. Toutefois, si des étrangers inoffensifs et connus cherchaient un refuge, une protection, un champ à cultiver, le gouvernement ne devrait pas les repousser; les villages de Yooudoune et de Lampsar pourraient les recevoir. Il serait même à désirer que beaucoup de ceux qui sont déjà de trop à Saint-Louis voulussent y cultiver la terre et habiter ces villages, car ils deviendront plus tard, par nécessité, très-importants et d'un grand secours à la colonie.

L'arrêté du 1er juin 1835, relatif aux étrangers, devrait être remis en vigueur. Cet arrêté enjoint aux habitants de Saint-Louis de déclarer, dans les vingt-quatre heures, à la mairie les étrangers logés chez eux ; et oblige ceux-ci de se pourvoir auprès du maire d'une autorisation pour le séjour qu'ils ont à faire à Saint-Louis. Par ce moyen aucun étranger ne pourrait se glisser furtivement dans l'île et y commettre la fraude.

CHAPITRE III.

PRIVATION D'EMPLOIS ET DE RESSOURCES POUR LA JEUNESSE LETTRÉE.

Au nombre des améliorations générales à apporter dans le bien-être des Sénégalais, il en est une qui doit particulièrement attirer l'attention bienfaisante du gouvernement : c'est la condition, l'avenir d'une classe d'habitants que nous appelons la jeunesse indigène lettrée. Aucune voie d'occupation de son goût ne lui paraît ouverte. La classe de 10 à 25 ans est si nombreuse, que le commerce n'en occupe peut-être pas la dixième partie ; et, pour son malheur, cette partie de la population semble avoir en horreur toute espèce d'état manuel bien qu'honorable. Elle n'ambitionne que les bureaux, que les emplois d'écrivains et de commis dans le commerce : mais toutes ces places sont déjà encombrées d'employés.

Par un préjugé incompréhensible et qu'il importerait beaucoup de vaincre, les habitants de Saint-Louis ont un éloignement insurmontable pour l'état militaire et la marine, seules carrières favorables aux jeunes gens qui ne veulent être ni agriculteurs ni ouvriers. Il est très-fâcheux, pour la colonie comme pour la métropole, que ces jeunes gens, généralement instruits et bien élevés, ne s'adonnent pas à la marine ou à l'agriculture. Ils seraient d'utiles auxiliaires au développement et au progrès de la civilisation, de l'agriculture et du commerce, soit sur nos côtes, soit dans l'intérieur de cette partie de l'Afrique. Disséminés dans la station sur nos navires de commerce et dans l'armée de terre, ils doteraient le Sénégal d'un avantage qu'il ne connaît pas encore, celui de posséder des hommes instruits, que l'expérience des voyages et les combats auraient formés et endurcis. Ces hommes seraient fort utiles à l'État, à la colonie; leurs services honorables attireraient sur leur pays l'attention du monde entier et la bienveillance royale. Cette croupissante, cette coupable oisiveté, dans laquelle cette jeunesse est plongée, est-elle digne de son éducation? n'a-t-elle pas sous les yeux les exemples de la métropole, où tous les métiers, toutes les professions sont des voies qui conduisent à la fortune, aux plus grands honneurs ?

Il est à craindre que l'excès de la misère, chez quelques-uns, ne les porte à des extrémités fâcheuses. C'est une perspective affligeante, mais dont la réalisation n'aura pas lieu, nous l'espérons, parce que la main secourable que nous implorons viendra certainement porter des consolations en créant de nouvelles ressources à notre pays. Au nombre de ces ressources nous classons la reprise des cultures, abandonnées autrefois pour des motifs qui n'existent plus. Reprises avec soin, elles peuvent réussir, nous en avons la certitude. D'un autre côté, le commerce est susceptible de recevoir, dans l'intérieur et sur la côte, une extension infinie. Ces différentes branches d'exploitation peuvent, ainsi agrandies et sous la protection du gouvernement de la métropole, occuper un plus grand nombre de bras.

CHAPITRE IV.

NÉCESSITÉ DE LA CULTURE AU SÉNÉGAL.

Lorsque le gouvernement, en 1822, entreprit des cultures au Sénégal, il eut à lutter contre des obstacles si puissants, qu'il se vit dans la triste nécessité de renoncer à cette importante entreprise. Mais avouons que si quelques-uns de ces obstacles, émanant des éléments naturels au pays, existent encore, les plus grands peut-être, ceux desquels dépendait la colonisation, sont disparus. Les vents d'est, la sécheresse, les sauterelles, l'insuffisance de bras ne furent point les seules causes de la non-réussite de la culture. On la dut à des circonstances qui tenaient plutôt aux hommes qu'à la nature.

L'île était encore peu habitée, les Européens et les indigènes ne suffisaient pas à l'exploitation d'un commerce très-abondant et très-lucratif. Ce fut donc pour ne pas paraître aux yeux du gouvernement étrangers à ses efforts et indifférents aux beaux résultats promis à la colonie, que les négociants d'alors et les riches habitants parurent vouloir contribuer à l'établissement d'une nouvelle source de richesse ; mais, par le fait, leurs efforts furent si froids, si insignifiants, et quelques-uns d'entre eux mirent tant d'acharnement à discréditer la noble persévérance du gouvernement local, qu'ils contribuèrent beaucoup au découragement du gouvernement métropolitain. Ils ne cultivaient pas sérieusement, parce que la culture ne pouvait pas leur procurer la prompte fortune qu'ils trouvaient dans le commerce ; ou si quelques-uns parurent être sincères, il faut le dire à leur honte, ce fut pour obtenir la prime assez importante accordée par le gouvernement aux belles apparences de plantations.

La culture de l'indigo aurait atteint une réussite complète, car cette plante ne craint aucun fléau ; elle vient en tout temps, en tout lieu, sans eau ni soins, et semble faite pour ce pays. Mais on commença à construire des bâtiments à trop grands frais pour la fabrication de l'indigo ; et lorsque ces bâtiments furent achevés, des chimistes ignorants envoyés par le gouvernement, n'ayant pas su extraire d'une manière satisfaisante la fécule de la plante, portèrent le dernier coup de massue à la colonisation agricole. D'un autre côté, les habitations agricoles avaient à redouter et éprouvaient souvent les effets dévastateurs des invasions des Maures, avec lesquels nous étions continuellement en guerre. Des pillages, des incendies, des assassinats étaient bien faits pour décourager les colons les plus dévoués, et empêcher la culture de recevoir tous les soins qu'elle nécessitait. C'étaient là des obstacles puissants, qui aujourd'hui n'existent plus ; car la bonne harmonie règne depuis longtemps avec les Trarzas, seuls à craindre à cette époque. Les princes qui, dans ce temps, se livraient au pillage, sont tous morts, et leurs successeurs sont plutôt marabouts que guerriers. Ils ont changé l'état de vagabondage de leurs pères en celui de marchand de gomme : de sorte que tous sont intéressés à une paix générale. D'ailleurs, plus faibles qu'autrefois, ils seraient maîtrisés par notre flottille, et surtout par les spahis dont nous a dotés le gouvernement, et qui sont de l'effet le plus salutaire qu'on puisse imaginer pour protéger nos établissements ruraux et notre commerce dans les environs. Ensuite il faut considérer que le pays a changé à son avantage depuis vingt ans : le peu de confiance qui existait alors empêchait les peuples de se rapprocher de nous ; de notre côté nous n'étions pas plus rassurés. Aujourd'hui les relations commerciales ont singulièrement adouci et poli les mœurs des habitants de l'intérieur. Ils se rapprochent de nous avec toute confiance. Le Fouta seul est tenu dans son état primitif de barbarie par le fanatisme de ses prêtres.

Les succès extraordinaires d'horticulture que j'ai obtenus dans l'île de Sor, dans un sable pur et salin, malgré la privation d'eau douce à volonté, prouve assez qu'avec un peu de soin la culture proprement dite au Sénégal n'est point impossible, et que ni le vent d'est ni la sécheresse ne sont des obstacles sérieux. D'ailleurs, il est facile d'obvier à ce dernier inconvénient par tous les moyens économiques d'irrigation découverts jusqu'à ce jour : cette ressource est d'autant plus assurée que depuis que la barre du Sénégal s'est éloignée dans le sud, l'eau n'est plus salée dans le Waloo ; et la majeure partie des plantes appelées à faire l'objet d'une nouvelle culture n'a point besoin d'eau pendant l'hiver.

Les Européens établis à Saint-Louis, ainsi que la plupart des habitants indigènes, ne pouvant eux-mêmes travailler la terre, placeraient sur leurs habitations des manœuvres et dirigeraient les travaux. Une grande quantité d'étrangers déjà fixés à Saint-Louis, et beaucoup d'autres émigrants des pays voisins, attirés par l'appât d'une portion de terrain, par le dégrèvement des coutumes onéreuses qu'ils payent aux souverains dont ils cultivent les terres, assurés d'une protection durable, se rallieraient à nous, peupleraient nos villages, défricheraient et ensemenceraient eux-mêmes, et donneraient un exemple que notre population imiterait infailliblement avant peu de temps.

Le pays de Galam, le Fouta, le Waloo, le Yolof, le Cayor, la presqu'île de Dakar, le Baol, le Syn et le Saloum nous fourniraient amplement des manœuvres à des prix assez modérés. D'ailleurs, pour en diminuer la charge, nos bœufs seraient dressés au labour.

On serait déjà sûr de la réussite des plantes indigènes, dont la culture serait perfectionnée par le système européen ; elles offriraient une grande ressource pour le pays. Le mil, le maïs, les haricots, les giromons, les patates douces, la manioque, les berafs, que nous achetons à nos voisins, seraient récoltés sur nos habitations. Viendraient ensuite plus spécialement les pistaches de terre, le coton, l'indigofère, le tabac. Tous les ans nous sommes tributaires envers les Anglais de sommes d'argent considérables en échange des arachides qu'ils recueillent dans la Gambie. Pourquoi, comme eux, n'encouragerions-nous pas la culture de cette plante sur les rives du Sénégal lorsque la France lui offre un si beau débouché ? Le coton, qui réussit si bien et dont la culture est facile, trouvera, même dans le pays, un placement avantageux. Le tabac croît très-bien sur les rives du Sénégal ; j'en ai fait venir dans mon jardin de Sor d'aussi beau qu'on puisse le désirer. Les terres du Waloo, de très-bonne qualité, se prêteront à sa culture sans difficulté. D'autres plantes oléagineuses croissent à merveille dans ce pays ; le ricin, le sésame, la julienne, le tournesol, etc., y sont comme naturalisés. L'arbre à pourgue des îles du cap Vert, de l'huile duquel les Portugais font un grand commerce avec les Américains, réussirait au Sénégal. Sa culture est assurée par quelques pieds provenant de graines que j'ai jetées dans mon jardin de Sor il y a dix ans. Cette plante a quelques rapports avec le palme-à-christ, mais ses graines sont beaucoup plus grosses et plus grasses.

Nous possédons déjà, naturelles au pays, quelques plantes filamenteuses et textiles d'une bonne qualité, et que la culture perfectionnerait encore ; peut-être serait-il possible d'y introduire le chanvre et le lin. On s'est déjà assuré qu'au moyen des arrosages toutes les plantes des colonies croissent parfaitement au Sénégal. Le cafier, la canne à sucre, le roucou, les fruits en général si utiles sur une habitation agricole y viennent très-bien.

Mais, sans contredit, la plante qui promet le plus de succès, c'est l'indigofère, ainsi que je l'ai déjà dit. Il croît sans culture et rien au Sénégal ne le détériore ; il peut produire trois récoltes par an ; le même pied peut rapporter trois, quatre et cinq ans. Il n'exige presque point d'entretien, et détruit lui-même l'herbe qui l'entoure. Plantée dans de bons terrains, sa tige s'élève de quatre à cinq pieds de haut. J'en ai vu à Lampsar de plus élevés : dans ce cas les pieds doivent être placés à un mètre et demi au moins de distance l'un de l'autre.

La qualité de l'indigo peut être comparée à celle du Bengale : d'un

2

beau bleu violetté et cuivré lorsqu'on le frotte de l'ongle. Les noirs de Galam et du Cayor, peu habiles dans sa manipulation, font avec cet indigo des teintures du plus bel éclat et du meilleur teint. Les ustensiles à manipulation peuvent être fabriqués à très-peu de frais, l'opération en est très-simple. L'indigo peut se faire à la feuille verte et à la feuille sèche, double avantage. C'est, certes, à l'ignorance des chimistes envoyés au Sénégal par le gouvernement métropolitain pour extraire la partie essentielle de la plante de l'indigofère, que nous dûmes 'abandon de cette culture, et ce fut précisément lorsque le mal était fait, lorsque l'aide et la protection du gouvernement nous furent ôtés, que des hommes plus habiles nous firent connaître la belle qualité de notre indigo. Nous tirons encore des Anglais ce produit indispensable à nos manufactures. Un effort patriotique bien combiné pourrait facilement nous délivrer de cet impôt presque honteux, puisque les premières conditions exigées à cet effet nous sont acquises.

Je le répète, les peuples environnants ont beaucoup changé à notre égard, ils ne nous évitent plus, ils cherchent au contraire à se rapprocher davantage de nos comptoirs. Au lieu d'être un obstacle à nos entreprises, ils nous imiteront, ils nous aideront, comme ils le font dans d'autres circonstances, qu'il faut que je cite.

Autrefois, par exemple, aurait-il été possible à un blanc de confier de grandes valeurs à des habitants du Cayor, du Waloo et du Saloum, surtout des troupeaux, objet de la plus grande convoitise pour nos Africains? Non, sans doute, trois jours eussent suffi pour que tout fût enlevé. Eh bien! depuis 1830 jusqu'à ce jour, et par gradation, j'ai tellement fréquenté ces gens-là, j'ai tellement éprouvé et mis en évidence les services de leurs chefs, qu'ils sont venus à considérer comme sacrés les dépôts que je leur ai faits. En 1845, j'ai eu entre leurs mains, sous leur garde et protection, jusqu'à quatre mille bœufs divisés en divers troupeaux. Mes bœufs ont été respectés et bien soignés, mes gardiens n'ont éprouvé aucune insulte; et, lorsque j'ai eu des bœufs volés ou pillés par des Maures vagabonds, les chefs chez qui ils avaient été pris s'armaient et allaient les reprendre. Cela est arrivé souvent et encore récemment. On m'écrit du Sénégal que les Oulads-Kilifas m'avaient enlevé quarante bœufs. Le chef du village de Guey-Galack, dans le Cayor, nommé Maguey-Fari, et ses hommes sont montés à cheval et ont repris mes bœufs fort loin dans le Waloo, prêts à traverser le fleuve. Les Maures pillards s'en sont enfuis et mes bœufs sont revenus. J'ai renoncé à la protection du gouvernement du Sénégal pour ces sortes de vols, parce qu'il ne peut agir de suite ; il en réfère aux rois des pillards, et le temps que tout cela prend suffit pour faire disparaître l'objet volé. Après de vaines discussions on finit souvent par tout perdre. Pour de semblables services ces bons voisins ne sont pas exigeants, ils se contentent d'un minime cadeau ; aussi, est-ce avec plaisir que je m'empresse de faire connaître de semblables actes. Ils prouvent qu'il n'est pas impossible de civiliser et d'amener à nous ces peuples que l'on a tort de qualifier de sauvages.

Revenons à mon sujet. Je crois qu'avant d'entreprendre une nouvelle colonisation par l'agriculture, il faudrait peser les chances favorables et contraires à son développement. Dans le premier cas, il faudrait établir les bases d'un principe économique très-sévère. Une administration sage, éclairée et prévoyante, serait appelée à diriger et à appliquer ce principe. Elle contrôlerait les opérations des sous-directions des travaux agricoles ; des primes d'encouragement seraient accordées sur les quantités relatives de produits récoltés, et non sur les apparences de culture. Des villages seraient échelonnés sur la rive gauche du fleuve, dans le Waloo, ou sur les deux rives du Marigot de Lampsar sortant à Ronque, où l'eau n'est jamais salée, à quelque distance de ses deux embouchures. Les étrangers cultivateurs qui chercheraient un refuge et des terres à cultiver seraient non-seulement admis, mais encore attirés par quelque encouragement en se constituant toutefois sujets français. Tout ce qu'il y a de trop dans la population de Saint-Louis y serait refoulé. L'abondance du gibier, du poisson, les plantes économiques et potagères, les céréales, le laitage, les élèves de bestiaux de toute espèce faits sur ces habitations rustiques, fourniraient une abondante nourriture au personnel de l'établissement, qui, avec du soin et de la persévérance, prendrait chaque jour plus d'importance.

Aucun homme au monde peut-être n'est paresseux comme le noir de l'intérieur du Sénégal. Dans son village, cependant, avec peu d'efforts, il nourrit sa famille, paye au roi de sa tribu ses contributions et vend du mil pour se vêtir. Eh bien ! si notre population hornait seulement son ambition à de semblables résultats, elle trouverait, sinon une fortune, du moins une vie heureuse et substantielle dans ces nouveaux établissements. Ne serait-ce pas déjà beaucoup ? Je suis donc bien convaincu que l'agriculture au Sénégal rendrait d'éminents services à la colonie elle-même et à la métropole. Et que le discrédit dont elle est l'objet aujourd'hui vient surtout, et de l'ignorance de ceux qui s'en sont occupés pour le compte du gouvernement, et d'une prévention difficile à vaincre chez les habitants eux-mêmes, malgré les quelques exemples de réussite qu'ils ont sous les yeux.

CHAPITRE V.

CONCESSIONS DÉFINITIVES DE TERRAINS.

La population de Saint-Louis, agglomérée dans les limites étroites de l'île, sent chaque jour la nécessité de respirer un air plus dégagé, plus pur, de promener sa vue sur un espace plus étendu. Mais elle ne possède aucun lieu dans les environs auquel elle puisse donner le doux nom de campagne. Cependant, bien que le terrain qui nous entoure ne soit qu'un sable aride, si les petites parties, que l'on demanderait au gouvernement aux conditions de les cultiver, étaient données en propriétés définitives, je suis convaincu qu'avant peu de temps la partie de l'île de Sor, dont le gouvernement peut disposer à ce titre, serait couverte de petites maisons de campagne et de jardins. Ces maisons, ces jardins serviraient, le dimanche surtout, de lieux de récréation à la majorité de la population de Saint-Louis, qui ne sait réellement aujourd'hui où porter ses pas.

Si l'île de Sor était jugée trop près par quelques personnes, celles de Çaphale, de Babagué et de Bopntior pourraient avoir la même destination. Des jardins ont été faits depuis longtemps à l'île de Sor; on y a pris goût, on s'y est attaché de manière à ne pouvoir plus se passer de la distraction qu'ils procurent. Mais on ne peut y apporter la perfection indispensable à un lieu de plaisance, celle de constructions en maçonnerie, parce qu'on n'en a pas acquis la propriété irrévocable, promise cependant par plusieurs gouverneurs, notamment par M. Bouët, qui

avait assuré à tous les concessionnaires provisoires, que s'ils construi-
saient des maisons ou des entourages en briques, ils en auraient la
concession définitive. L'un des concessionnaires, M. Goyaux, agissant
d'après cette promesse, a construit une maison avec des dépendances.
Malgré ses dépenses, malgré son zèle pour la culture d'un grand jardin et ses demandes réitérées, M. Goyaux n'est point encore proprié-
taire de cette partie de terrain dont il a si bien changé et amélioré la
nature par ses soins et au risque même d'en être évincé.

Le gouvernement, ne sachant que faire de ces champs sablonneux,
rendrait donc un grand service à la colonie en les concédant définiti-
vement. Chacun des concessionnaires, animé de sentiments dignes
d'être encouragés, y ferait exécuter les embellissements et les commodités que l'on aime à trouver dans une campagne ; embellissements
et commodités dont il se gardera de faire la dépense si le terrain ne lui
est concédé que provisoirement. D'ailleurs, si cette population est
privée du beau climat et de la vue des champs fertiles de la France,
qu'elle puisse au moins à force de soins simuler quelque chose qui lui
en rappelle le doux souvenir.

Les concessionnaires provisoires de l'île de Sor demandent instam-
ment au gouvernement, et sous telles conditions qu'il voudra, la dona-
tion définitive de leurs concessions provisoires.

CHAPITRE VI.
EXTENSION DU COMMERCE DANS L'INTÉRIEUR
DE L'AFRIQUE.

Le commerce en France s'est considérablement accru depuis vingt
ans. Il serait bien à désirer, et il le peut, qu'il prît dans notre colonie du Sénégal une plus large extension. La masse des individus qui
s'y sont adonnés s'est tellement augmentée, que les revenus en sont
excessivement réduits. Tous se jettent sur le commerce de la gomme,
limité de tout temps à nos trois escales des Bracknas, des Trarzas et
des Darmancous, devenues chaque jour plus insuffisantes.

Nos expéditions au bas de la côte, recommencées tous les jours, nous prouvent par leurs résultats que nous ne pouvons pas lutter avec les opérations dirigées des ports de France, d'Angleterre ou d'Amérique. Elles se bornent à la Gambie, Bisao et Rio-Nunez, où l'on ne trouve qu'en très-petite quantité de la cire, du morfil, des cuirs; et où l'on charge du riz, du mil et de l'arachide en échange de marchandises données à vil prix ou d'argent. Il faut donc se tourner du côté de l'intérieur de l'Afrique; c'est là qu'on trouvera un vaste champ ouvert à de nouvelles relations commerciales.

Par une fatalité inexplicable et souvent déplorée, le commerce français, dominé par une apathie et une prudence excessive, est loin de mettre à profit tous les moyens qui sont en son pouvoir pour innover, améliorer et multiplier ses opérations. Ainsi en est-il de cette station éternelle du commerce au poste de Bakel. Depuis vingt-huit ans nous n'avons pas fait un pas de plus, et cependant le fleuve est navigable encore au-dessus des cataractes de Feloups. Les peuples commerçants de Karta, de Sego, de Tombouctou et leurs précieux produits nous tendent les bras: il ne tient qu'à nous d'en évincer nos rivaux, les Anglais.

En 1822, lorsque je gérai les intérêts de la compagnie de Galam, à Bakel, le prince Laba, aujourd'hui roi des Bambaras de Karta, me fit des propositions pour monter une escale de gomme, d'ivoire et d'or sur des terres avoisinant le haut Sénégal. Je fis part de cette proposition au directeur de la Compagnie qui ne lui donna aucune suite, parce qu'à cette époque nous pouvions éprouver des difficultés chez les Cassonquais, peuples intermédiaires. Ces difficultés disparaîtraient aujourd'hui d'elles-mêmes par les avantages qu'ont reconnus, dans leurs relations commerciales avec nous, les habitants du haut pays; relations qu'ils cherchent d'autant plus à cimenter que tous voudraient chez eux l'établissement de nos comptoirs.

Est-il une preuve meilleure aujourd'hui de notre facilité de pénétrer et de nous établir partout, que le blockaus élevé l'an dernier sur les rives de la Falemé, à côté de ces mines intarissables d'or, et qu'il nous eût été impossible, sans risquer d'être égorgés, d'approcher il y a vingt-cinq ans? À cette époque même, un noir, envoyé par M. le baron Roger, gouverneur du Sénégal, m'apporta l'ordre de lui donner des cadeaux pour le roi de Bambouck. Sa mission apparente était d'aller ramasser dans ce pays des graines de différentes plantes, mais le principal motif de son voyage était de prendre connaissance des mines. Eh bien ! quoique ce noir fût lui-même originaire du haut pays et qu'il fût marabout, il ne put pénétrer nulle part parce qu'il était envoyé par les blancs ; au bout de quinze jours il revint avec ses cadeaux en partie dispersés.

Je crois donc qu'il est facile et très-avantageux de franchir les limites commerciales que nous nous sommes volontairement tracées ; et que notre commerce, soit par caravanes, soit par bateaux plats au-dessus des cataractes, peut être porté et fleurir jusque dans les confins de Karta et de Sego, et attirer les caravanes de Tombouctou. Le Karta a beaucoup de gomme qu'il nous serait facile de faire arriver par le haut Sénégal.

La Gambie n'a pas permis aux Anglais de pénétrer aussi en avant qu'ils l'auraient voulu. Ils n'exploitent pas moins, par notre absence, une grande région de ce pays ; mais les montagnes qui les séparent du Karta et le défaut de moyens de transport les priveront toujours des produits des gommiers. D'ailleurs, le genre et le meilleur marché de nos marchandises éloigneront nos concurrents dès que nous nous présenterons.

Pendant que notre commerce s'étendrait le long et dans le haut du fleuve, il pourrait encore percer et atteindre le Bondou et le Bambouck par le Yolof. Par cette ligne directe, ces pays ne sont pas très-éloignés de nous. Ils commercent avec la Gambie, parce que le Yolof intermédiaire est une barre qui interdit aux marchands par caravanes les approches de nos comptoirs. Le Fouta-Toro, presque toujours en guerre civile, ferme les communications par le nord. Et, si le Yolof est un obstacle à la circulation des marchands, c'est que ce pays riche en troupeaux, en captifs, mais peu belliqueux, est le magasin général des Maures bracknas et trarzas, qui ne cessent de le battre en tout sens et d'en tirer par le pillage des quantités de bœufs et de prisonniers qu'ils vendent à des prix élevés chez les Maures Wadann au-dessus du cap Blanc. Les habitants du Yolof, continuellement dépouillés par de plus forts qu'eux, se résignent et sont persuadés que la raison du plus fort est toujours la meilleure. En conséquence, usant eux-mêmes de ce régime quand l'occasion se présente favorable, ils tombent sur tous les mar-

chands que le malheur attire sur leur terre; et même en dehors quand
ils le peuvent. Il en résulte que les caravanes ne sauraient trop s'en
éloigner et se rapprochent le plus qu'elles peuvent des rives de la
Gambie pour descendre ensuite jusqu'à Sainte-Marie. Ceux des habitants du Yolof qui se livrent au commerce vont également chez les
Anglais s'approvisionner de marchandises parce que le Waloo et le
Cayor, avec lesquels ils ne sont jamais en bonne intelligence, s'opposent à leur passage. Ce n'est que furtivement et très-rarement qu'ils
peuvent venir jusqu'à Saint-Louis.

Le gouvernement pourrait facilement remédier à cet état de choses.
Le poste de Merina-guene, avantageusement placé sous le rapport politique, est la clef du Yolof. Lorsqu'il y aura un bon détachement de
spahis on pourra intercepter, ou beaucoup nuire à l'invasion des Maures
pillards. Il serait au préalable fait avec le roi des Trarzas et celui des
Bracknas des arrangements pour qu'ils défendissent sérieusement ces
pillages, qui font la destruction de notre commerce dans ces parages;
et, dans le cas où ces défenses ne produiraient aucun effet, les spahis
agiraient par la force.

Il ne serait point non plus difficile d'obtenir du Yolof, une fois ga-
ranti contre les pillages des Maures, qu'il s'abstînt de semblables actes
contre les marchands, et de les attirer, au contraire, de son côté en leur
livrant un passage libre et sûr. La nouvelle de cette pacification générale,
répandue dans le pays de Bondou et de Bambouck, serait pour notre
commerce dans ces parages d'un merveilleux effet.

Outre l'assurance de nos relations avec le haut pays, ce serait une
bien belle acquisition pour notre commerce que celle d'un chemin
sûr, libre et court, qui conduirait du Yolof à Saint-Louis. Les habitants du Yolof possèdent tous les produits que nous fournit le Cayor,
et ils ont en sus de grandes forêts de gommiers dont ils ramasseront la
récolte dès qu'ils pourront nous la porter sans être inquiétés.

Les marchandises que consomment les habitants du Yolof sont les
mêmes que celles importées dans le Cayor et qui donnent de si beaux
avantages à la colonie. La consommation qu'en fait ce dernier pays est si
importante, qu'elle comprend la presque totalité des articles cités ci-
après et importés à Saint-Louis : les armes à feu de traite, poudre,
balles, pierres à feu, eaux-de-vie, vins inférieurs, les liqueurs, le ta-

bac en feuilles, les armes blanches, coutellerie, fer en barre, le co-
rail ouvré long, l'ambre, les verroteries, les tissus de Rouen en tout
genre, quincaillerie commune, les cotons et laines filés, l'écarlate, etc.
— Le commerce de Cayor pour nous est d'une bien plus grande importance qu'on ne le croit; et si le Yolof, par la suite, pouvait nous
en offrir le pendant, et même mieux à cause de ses gommes, la colonie en ressentirait une amélioration sensible.

Comme on le voit, les Maures ne sont pas les seuls à posséder des
gommes; le pays de Fouta-toro, le Waloo, le Yolof et le Cayor, quoi-
qu'en plus petite quantité, en possèdent aussi. Mais ce ne fut qu'avec
les Maures qu'autrefois les gouverneurs passèrent des traités pour ré-
glementer le mode des échanges de nos marchandises contre ce produit des forêts africaines. Pour ménager aux rois maures les droits
qu'ils prélèvent sur toutes les gommes vendues, on s'engagea à ne
traiter qu'à des endroits désignés et à des époques fixes. La traite de
la gomme se fait sous les yeux des officiers commandant les escales et
en présence des délégués du roi maure, toutes les gommes traitées
hors de ces limites sont saisies et confisquées.

Ces arrangements ne devraient regarder que les Maures, car les
rois noirs n'y ont pris aucune part. Cependant, plus tard, les habitants des pays que j'ai cités ramassèrent aussi des gommes et les portèrent à Saint-Louis. Peu à peu la quantité s'augmenta au point d'ex-
citer la jalousie des Maures. Ils prétendirent que leurs droits étaient
sacrifiés puisqu'on traitait des gommes à Saint-Louis, ailleurs qu'aux
escales. Ils réclamèrent, et le gouvernement local, écoutant leurs réclamations, défendit l'introduction à Saint-Louis des gommes d'autre
provenance que des escales. Il voulut contraindre les détenteurs de
gommes de nos environs d'aller les porter à ces lieux désignés; pays
étrangers pour eux et situés à une distance de 25 à 60 lieues. C'était
chose impossible, et les noirs ne le comprirent pas; aussi continuèrent-
ils à porter des gommes, toujours par petites parties, directement à
Saint-Louis. Elles furent saisies et confisquées. Les réclamations des
marchands furent impitoyablement rejetées. Ils se dégoûtèrent et ne
portèrent plus de gommes à Saint-Louis ni aux escales, où ils ne voulaient pas aller, autant à cause de la distance que de leur répugnance
à se soumettre à la police des Maures. Les habitants de Gandiol, qui

faisaient ce commerce en grand du Yolof à Saint-Louis, au moyen de leurs chameaux, se dirigèrent vers Sainte-Marie, où les Anglais les reçurent bien. Ce fut là un grand malheur pour la colonie, auquel le gouvernement pourrait remédier par de nouveaux traités avec les Maures et l'introduction de la liberté des échanges.

Pendant un temps fort long, notre commerce a souffert de cette restriction à la lettre des traités, sous le prétexte de conserver les intérêts d'un roi maure, peu reconnaissant de notre bonne foi, car nous savons qu'il favorisait l'escale anglaise à Portendick de tout son pouvoir et qu'il privait notre colonie d'une branche considérable de notre commerce.

Le gouvernement crut avoir aplani toutes les difficultés, en établissant une escale pour la traite de la gomme du Waloo, Yolof et Cayor, à Merinaguene, avec un privilége exclusif en faveur de la compagnie de Galam. Cet établissement eût peut-être réussi, s'il eût été mieux assorti en objets de traite. Mais il n'y avait pas en totalité pour 2,000 francs de marchandises propres aux gens du pays. D'ailleurs, la Compagnie, considérant ce comptoir comme une charge à elle imposée, s'en occupa si peu qu'on n'y fit rien.

Cependant, il y a deux ans, les gommes du Cayor, celles de la partie du Waloo voisine de Saint-Louis reparurent un peu. Nouvelles saisies et confiscations de la part de la douane. Ce fut en vain qu'on lui fit remarquer que les qualités différaient, que ces gommes étaient apportées par petites quantités de dix à quinze livres par des nègres du Cayor ou des villages environnants, ennemis naturels des Maures, avec lesquels ils ne pouvaient avoir de connivence pour l'introduction en fraude de ce produit, en supposant encore que cette fraude en eût valu la peine; tout fut inutile. Les tribunaux furent saisis de l'affaire et décidèrent en faveur du commerce, en faveur des peuples environnants, autres que les Maures. Toutefois, les gommes de provenances du fleuve hors des escales et en temps probibé par les traités avec les Maures, introduites par les traitants, furent considérées de contrebande. La douane ne tint aucun compte de ce jugement, elle continua de saisir. Enfin, en 1845, une amélioration sensible fut apportée par M. le gouverneur Thomas. Son expérience et l'intérêt qu'il portait au pays lui firent prendre la détermination sage de laisser introduire toutes les gommes qui ne viendraient pas de chez les Maures, et dont il était facile de s'assurer de la provenance, soit par la qualité, soit par les individus détenteurs. Il ordonna donc à la douane d'user à l'avenir de plus de discernement et de réserve, et, dès ce jour, nous vîmes les gommes de nos environs arriver dans l'île et donner un peu de mouvement dans nos magasins.

Cette décision de M. le gouverneur Thomas, qui a tout concilié, devrait être appuyée du gouvernement de la métropole et du gouvernement local : car, d'un moment à l'autre, nous pouvons la voir éludée par la douane et les saisies recommencer, ce qui serait réellement d'un bien funeste effet. Je crois qu'il serait juste et profitable pour la colonie, qu'à l'imitation des rois maures, les rois du Cayor et du Yolof reçussent aussi des primes d'encouragement réglées sur la quantité de gommes qu'ils nous enverraient.

CHAPITRE VII.

TRAFIC DES BOEUFS.

Le trafic des bœufs, qui me doit à peu près toute son extension et son amélioration au Sénégal, a semblé, il y a deux ans, vouloir figurer parmi nos principales branches de commerce. A cette époque, l'exportation de ces animaux pour la Guadeloupe fut très-considérable. Si la Martinique et Cayenne nous offraient le même débouché que la Guadeloupe, ce serait un grand avantage pour notre pays et surtout pour notre marine marchande, dont les navires, au lieu de partir à vide du Sénégal, trouveraient dans ces opérations un bon fret et un bénéfice raisonnable à la Guadeloupe, où un nouveau chargement les attendrait pour la France. Mais ce commerce, au lieu de s'accroître, est menacé de s'éteindre peut-être entièrement par la concurrence des bœufs de Porto-Rico, de la Côte-Ferme et du Para, introduits dans ces lieux, sans droits ou presque pas, ce qui est pour eux d'un grand avantage. Pour éviter un événement aussi fâcheux il conviendrait d'imposer aux bœufs étrangers, dans nos colonies de l'ouest, des droits dont les chiffres permissent à ceux du Sénégal d'entrer en concurrence.

Ce qui fait préférer à la Guadeloupe les bœufs du Sénégal à ceux des autres provenances, c'est la facilité de les dresser au travail, leur sobriété, leur dureté à la fatigue et leur résistance aux TIQUES, dont les blessures sont souvent mortelles pour ceux de Porto-Rico, etc. On ne peut se figurer la sobriété de cet animal sur notre sol aride; pouvant se passer deux ou trois jours d'eau sans que sa santé en soit altérée. Dix livres de paille sèche par jour suffisent à sa nourriture.

Le bœuf à bosse est un très-bel animal. Nul doute, qu'introduit en France, où il trouverait une nourriture et des pâturages plus confortables, sa race ne se perfectionnât. Elle deviendrait plus forte; et, croisée avec les bœufs de France, il en résulterait incontestablement une amélioration dans les deux races. Si le transport n'était pas aussi difficile, des chargements de ces animaux importés en France y seraient très avantageux, vu leurs prix comparés à ceux de ce pays. Mais pour de semblables transports, des bateaux remorqueurs seraient indispensables. Les bœufs du Sénégal nous seraient d'un grand secours si les cultures chez nous reprenaient de la force et de la vigueur.

CHAPITRE VIII.

MINES DE SOUFRE AU SÉNÉGAL.

Les montagnes voisines des escales, dans le haut du fleuve, renferment des minerais précieux non exploités, surtout des mines d'or. Sous le rapport minéralogique, la science et l'industrie ont beaucoup à examiner, et nous sommes convaincu que l'une et l'autre y trouveraient de grandes richesses.

Pendant le gouvernement de M. Pugeot-Desnoustières il me fut apporté par un Maure un échantillon de soufre brut dont la pureté m'étonna. Le rapport que me fit cet homme sur la mine où cet échantillon avait été pris, m'engagea à l'amener chez le gouverneur, qui se proposa de la faire étudier. Je lui remis une partie de l'échantillon, qu'il donna à un médecin pour l'analyser. Je ne sais quel fut le résultat de cette opération ; mais un autre échantillon ayant été envoyé à Paris à des chimistes, le rapport qu'ils firent de l'épreuve établit que ce soufre brut a 83 pour cent de matière pure : ce qui, je pense, n'a pas d'exemple. Allumé et consumé, il laisse très-peu de résidu. Les mines, car il y en a deux, sont situées, l'une à une petite distance de la mer sur la côte du Sarah, non loin du Sénégal, et susceptible, m'a-t-on dit, d'être exploitée. L'autre est située sur la rive droite du fleuve, à peu de distance de Saint-Louis. On m'a dit que la première est intarissable. L'autre est moins importante. On n'a pas voulu m'en dire davantage, mais je connais particulièrement le Maure qui m'a apporté ces échantillons ; à mon retour au Sénégal, je m'occuperai sérieusement de cette affaire et verrai si notre pays peut être doté d'un nouveau produit qui trouverait tant en France qu'à l'étranger des débouchés avantageux.

CHAPITRE IX.

AMÉLIORATIONS A APPORTER A L'ÉTAT SANITAIRE DE L'ILE DE SAINT-LOUIS.

Depuis vingt-cinq ans l'état sanitaire de l'île s'est considérablement amélioré. On doit cet heureux changement à la quantité de maisons en briques qui ont remplacé les cases en paille ; on le doit aussi au remblai des rues et des quais, et enfin à la propreté imposée par la police locale. Les émanations empoisonnées qu'exhalaient toutes ces cases pourries, celles qui sortaient des eaux stagnantes, lorsque les pluies arrivaient, engendraient des maladies bien funestes au pays. Cependant, si on a beaucoup gagné sous ce rapport, il reste encore beaucoup à faire, car l'île, imparfaitement salubre, peut le devenir entièrement par de nouveaux travaux ; il ne faut pour cela qu'une volonté ferme et peu de dépense.

Il ne s'agit que de détruire entièrement ce qui reste de cases en paille, la plupart tombant de vétusté, et de les remplacer par des cases en briques selon le modèle donné par le gouvernement. L'importance des primes accordées depuis longtemps aux constructions de cases en briques, doit suffire pour que l'on puisse d'autorité ordonner ce changement. Cette détermination aura le double avantage de purger l'île de ce fumier malfaisant et de préserver la ville de ces incendies fréquents qui la dévorent et mettent en danger nos magasins et nos plus beaux établissements publics.

La plus grande propreté devrait être rigoureusement observée par les propriétaires des maisons et des quais intérieurement et extérieurement. Les quais du marché, de la batterie de la place et du fort, les bouts de rues, et en général tous les lieux publics, se font remarquer par leur saleté : ils servent de lieux d'aisance à la population noire. Pour y remédier il faudrait d'abord construire à chaque bout de rue, à peu de frais, mais solidement, et donnant sur l'eau, des latrines communes où seraient obligées d'aller, sous des peines sévères, les personnes qui déposent ordinairement leurs ordures sur les quais et dans les rues. A chaque bout de rue on devrait faire des quais, non en maçonnerie ni en piquets à pic, mais avec des jetées de gravois et en pente douce. On faciliterait par ce moyen l'entretien de la propreté, l'approche de l'eau et la pratique des bains, que les musulmans observent religieusement après avoir satisfait à leurs besoins naturels. On éviterait aussi les fréquentes noyades d'enfants qui ont lieu chaque année lorsque les eaux arrivent contre les quais à pic et profonds. Les vases de nuit et ceux des communs, au lieu d'être vidés au bout des rues, à terre et sur les piquets, comme cela ce pratique aujourd'hui, pourraient être portés et nettoyés au large. Ces détails pourront peut-être paraître oiseux aux personnes étrangères à la colonie; mais pour celles qui l'habitent et qui désirent son bien-être, ils ont quelque valeur. Et si nous nous permettons de les publier, c'est dans l'espoir que le gouvernement de la métropole et celui de la colonie les prendront en sérieuse considération.

La partie ouest de l'île, au-dessus et dans le nord du quai de la batterie de la place, jusqu'à la caserne des spahis, dans le sud, forme une rentrée et laisse à découvert dans la marée basse une plage où se trouve déposées toutes les balayures de l'île. Ces balayures exhalent une odeur pestilentielle. Il serait facile de tirer une ligne droite de ces deux points ou à peu près, de combler le bas-fond jusqu'à cette ligne, d'en faire un quai public et avancé qui agrandirait beaucoup la place de la batterie ainsi que le quai de l'hôpital, faciliterait la libre circulation sur le bord du fleuve, et délivrerait l'hôtel du gouvernement, les casernes, l'hôpital et toute cette partie de l'île des mauvaises exhalaisons qui s'échappent de ce bourbier.

Les habitants du village de Guett-Ndar font toute l'année sécher du poisson en grande quantité qu'ils étalent sur des palissades et sur leurs cases. Ce poisson répand une odeur insupportable. Mais c'est surtout pendant les vents d'ouest, arrivant en même temps que l'hivernage, que nous en sommes le plus incommodés. Cette exhalaison se mêle à celle des vidures et des têtes de poissons jetées, non dans l'eau, mais sur cette grande plage qui se trouve entre les cases et le fleuve, où les habitants de ce village viennent aussi déposer leurs ordures. Je ne prétends pas blâmer la commission sanitaire, mais on ne peut concevoir qu'elle ne se soit pas aperçue de l'importunité et de l'insalubrité de ces émanations. L'hôpital, les casernes et l'hôtel du gouvernement en sont affectés les premiers.

Il serait donc bien important d'enjoindre d'autorité au chef du village de faire jeter plus bas que Saint-Louis, dans le fleuve, les vidures et les têtes de poisson ; de cesser cette préparation lorsque les vents d'ouest arrivent, ou de faire sécher le poisson hors de la portée de Saint-Louis ; d'obliger les habitants du village à déposer leurs ordures sur le bord de la mer qui baigne la partie ouest de ce village, mais plus bas, et de manière que les lames les balaient en passant, ou bien encore de les enterrer dans le sable. Ces précautions peuvent être prises sans autres frais que des ordres donnés et rigoureusement exécutés.

Pendant que l'autorité porte ses soins à entretenir l'état sanitaire de l'île, la direction de la voirie a effectué un travail qui me semble bien contraire à cet objet.

L'île, dans sa surface, ne présente point un niveau parfait, le centre est plus élevé que les parties nord et sud. Dans l'inondation de 1841, qui, de mémoire d'homme, n'a pas d'exemple, les eaux montèrent assez haut pour couvrir de plusieurs pieds même ces parties de la ville, mais non le milieu. La voirie, par une prévoyance que je suis loin de blâmer, à cause de son intention, entreprit bientôt après, dans le cas où ce fléau se renouvelât, de ménager la libre circulation des rues, en les exhaussant à une hauteur qui promît toute sûreté à cet égard. Toutefois, en calculant d'avance les conséquences qui doivent résulter de cet exhaussement, elle aurait dû se borner à le porter à une élévation qui, en offrant toute garantie, n'eût lésé les intérêts de personne ni nui à la salubrité publique. Mais elle a porté le niveau des rues à un point tellement élevé, que les terrains contenant des cases en paille ainsi que l'intérieur des maisons construites en briques, voisins de ces rues exhaussées, forment des bassins creux et profonds où se dirigent, soit par l'infiltration, soit par l'écoulement, toutes les eaux pluviales qui tombent dans la ville. En sorte que ces terrains couverts la plupart de vieilles cases, et les cours et les magasins des maisons en briques, sont, pendant la mauvaise saison, des étangs d'eau pourrie et fangeuse d'où s'exhalent les gaz empoisonnés qui déciment la population.

Les pauvres noirs obligés de se loger dans ces demeures aquatiques font comme les castors, ils perchent leurs lits sur des piquets et s'y tiennent accroupis pendant le séjour des eaux; ils ne peuvent marcher à pied sec que lorsqu'ils sont remontés de leurs cloaques infects dans la rue.

Les portes des maisons en briques ne s'ouvrent plus dans la rue. On est obligé de raccourcir celles qui peuvent encore servir. D'autres maisons plus maltraitées sont rehaussées. Le nouveau sol nécessite de nouvelles dispositions. Les appartements du haut se trouvant trop bas et les fenêtres étant devenues des portes de plain-pied, il faut élever les planchers supérieurs et ainsi de suite. Qu'on se figure alors les dégâts, les dépréciations et les frais que cette mesure occasionne aux propriétaires des maisons. Tous les magasins de détail, comme les autres, sont situés au rez-de-chaussée, ouverts sur la rue et servent de logement pendant la journée aux locataires. Quelles incommodités résultent pour eux d'un travail aussi peu réfléchi ! En supposant que ce travail ait été d'une indispensable nécessité pour le nord et pour le sud de l'île, un remblai au niveau des plus hautes eaux de 1841 était seul nécessaire. Quoique beaucoup plus élevées et hors de dangers des inondations, les maisons du centre ont aussi leurs réservoirs d'eau croupie ; des magasins secs et sains sont devenus des caves humides et malsaines.

CHAPITRE X.

REMBLAI DE LA POINTE NORD ; MODE D'EXÉCUTION.

L'île de Saint-Louis recevrait un embellissement remarquable et utile sous bien des rapports par le remblai de la pointe du nord dans sa vaste étendue.

Le gouvernement de la colonie, reconnaissant tout l'avantage qui en résulterait, a souvent mis ce projet en délibération, mais les fonds ont toujours manqué pour le mettre à exécution. Cependant, nous aurions droit d'espérer que les débours que nécessiterait une semblable entreprise nous seraient en grande partie accordés par la métropole, si la population de Saint-Louis, de son côté, mettait dans son exécution une bonne volonté. En effet, le gouvernement de la métropole, dont les vues et la sollicitude pour ses colonies sont grandes, n'excepterait point le Sénégal dans la répartition de ses faveurs si nous le secondions de tous nos efforts.

Pour faciliter le remblai de la pointe du nord, comme tous les autres travaux d'utilité publique, l'autorité devrait s'attacher à un moyen qu'elle a évité de prendre jusqu'à ce jour, celui de la réquisition d'hommes et d'outillages, comme cela se pratique en France pour les chemins communaux. Les habitants de Saint-Louis seront sans doute assez raisonnables pour comprendre tout l'avantage qui résulterait d'une commune assistance, et s'empresseront de participer à un travail dont ils doivent retirer tous les profits. Néanmoins, pour la règle commune et afin d'éviter l'abus qui pourrait résulter de la mauvaise volonté de quelques-uns au détriment des plus désintéressés, des règlements sévères seraient nécessaires et devraient être exécutés.

Pour le remblai de la pointe du nord, chaque habitant devrait être au préalable taxé, selon ses moyens présumés, par une commission *ad hoc*, du nombre de mètres cubes de sable qu'il devrait fournir ; et comme je crois qu'il serait indispensable d'accorder des dédommagements, il serait facultatif à qui le voudrait de fournir plus que sa taxe, soit en sable, soit en embarcations. Le mode de dédommagement qui me paraîtrait le plus convenable, serait qu'une fois tout ce grand espace remblayé, les rues et les places publiques tracées, les îlots classés, estimés et numérotés, seraient donnés en tout ou en partie en récompense aux personnes qui auraient le plus contribué à ce travail; celles qui auraient le plus fourni auraient nécessairement les terrains les mieux placés.

Le mètre cube de remblai, pris un peu au-dessus de Saint-Louis, où sont les premières buttes de sable, coûterait, rendu sur les lieux, environ 1 fr. 25 cent. Ainsi les îlots, que je crois être d'environ 1600 mètres carrés, qui se trouveraient dans l'endroit le plus profond dans les hautes eaux, c'est-à-dire au plus à 1 mètre 25 centimètres, coûteraient à combler 2,400 fr., tandis que d'autres, à peine couverts d'eau, ne coûteraient que très-peu de chose à exhausser.

Pour plus de facilité dans l'exécution du remblai de la pointe du nord, il faudrait commencer par fermer la ligne extérieure de démarcation, la consolider avec des piquets, du gazon et du sable dans la partie intérieure, afin de neutraliser l'effet du courant. On laisserait à l'endroit le plus profond un passage pour les embarcations plates qui porteraient le sable sur les lieux mêmes jusqu'à la fin.

Par cet agrandissement, la ville et la population de Saint-Louis éprouveraient un bien-être inappréciable. On pourrait, une fois les rues, les promenades et les places publiques tracées, s'élargir, respirer l'air sain de la campagne; car non-seulement on y bâtirait, mais on y ferait des jardins, on y planterait des arbres, et les quais de ce nouvel établissement, dégagés et larges, offriraient une circulation agréable aux promeneurs.

CHAPITRE XI.

NÉCESSITÉ D'UN BAC AU VILLAGE DE GUET-NDAR.

A l'égard d'ouvrages d'utilité publique , la ville de Saint-Louis est privée des choses mêmes de première nécessité, parce qu'elle a toujours craint de demander à l'administration des concessions privilégiées, dont celle-ci est fort avare. Ainsi, par exemple, un bac est reconnu indispensable au passage du bras ouest du fleuve, entre la ville et Guet-Ndar ; ce passage est très-fréquenté, et on est étonné que ce soit encore des piroques formées de troncs d'arbres ou de mauvais petits chalans faits avec quatre planches qui fassent ce service, sans y être même affectés. Avec ces mauvaises embarcations, le premier venu se fait batelier ; aussi , combien d'événements malheureux ne voit-on pas arriver au moindre gonflement des lames du fleuve ! car ces individus peu prudents chargent jusqu'à faire couler bas leurs frêles barques.

Cependant, M. Briqueler obtint en 1827 de M. le baron Roger, gouverneur, un privilége pour cet objet. Il fit construire un bac. Le service se trouva , malgré ce privilége , en concurrence avec tous les piroguiers, qui ne discontinuèrent pas leur dangereuse navigation, et M. Briqueler se vit forcé bientôt après d'abandonner cette entreprise.

Depuis cette époque nous sommes assujettis, lorsque nous voulons traverser le fleuve, à nous embarquer dans une piroque sous peine de nous noyer ; encore faut-il qu'il y en ait : car, le plus souvent, faute d'en trouver, on se voit obligé d'en emprunter une ; et quand on a eu le bonheur de la trouver il faut chercher des hommes pour la conduire. Ces hommes abusent de votre besoin pour vous rançonner ; et si vous êtes du côté de Guet-Ndar, c'est alors qu'on vous fait payer cher, à vous, blanc : la piroque ne part pas à moins d'une pièce d'un ou de deux francs. Vous devez être satisfait, car vous ne pouvez les forcer à vous traverser. Vous, qui arrivez du côté de la barre, mourant de faim, ou qui débarquez à Guet-Ndar d'un navire en mer, tout trempé, vous êtes bien aise d'aller vous refaire à Saint-Louis. Mais si l'envie prenait à nos cavaliers de Saint-Louis de vouloir sortir de leurs étroites limites pour faire un tour sur le bord de la mer, cela leur serait impossible faute d'un bac commode et sûr. A l'époque des baignades en mer, tous les habitants de Saint-Louis se plairaient à goûter ce plaisir bienfaisant; mais n'osant s'embarquer dans ces mauvaises piroques, assez rares d'ailleurs, ou ne voulant pas se procurer à grands frais un meilleur moyen de transport, ils se privent de bains de mer.

J'avoue qu'il serait inutile de chercher à apporter une amélioration à cet état de choses sans un privilége exclusif. On ne retrouverait ni le coût du bac, ni son entretien, ni la main-d'œuvre pour le faire naviguer. Mais avec un privilége, on trouvera, j'en suis sûr, tout ce que l'on pourra désirer à cet égard ; et ce serait une grande commodité pour le pays, qui n'ose élever ses prétentions jusqu'à la construction d'un pont.

CHAPITRE XII.

MOYENS INSUFFISANTS DE TRANSPORT DE SAINT-LOUIS A GANDIOL.

Le commerce de Saint-Louis avec le Cayor nécessite chaque jour le départ et l'arrivée d'un grand nombre d'individus colportant avec eux leurs marchandises et les produits de leur sol. Ces individus n'ont d'autres moyens de transport de Saint-Louis à Gandiol, situé à cinq lieues, que de mauvais petits chalans à fond plat, de vingt pieds de long au plus. Ces embarcations, montées par deux hommes seulement, sont très-mal équipées et chavirent facilement. Deux ou trois exemples par an, de vingt à vingt-cinq personnes noyées chaque fois, arrêtent considérablement de marchands du Cayor au village de Gandiol, par la peur justifiée qu'ils ont de s'aventurer dans ces mauvaises embarcations. Il en part de six à sept par jour, que l'on s'obstine de charger de mil, de cuirs, de passagers, de manière à les faire couler bas au moindre mauvais temps. Elles ne sont surveillées par aucun agent de police. Aux

dangers qu'elles présentent il faut ajouter la plus grande incommodité ; elles n'ont aucun siége pour s'asseoir, et l'on a continuellement
les pieds dans l'eau. On revient de Gandiol à Saint-Louis avec la cordelle ; et les hommes qui ont pris passage en payant sont encore obligés de haler cette cordelle pendant cinq lieues, sans quoi on ne les
traverserait pas.

Il serait bien à désirer que tout cela changeât et qu'il fût porté un
perfectionnement indispensable à ce service. Je suis persuadé qu'une
entreprise avec privilége nous doterait d'un bateau à vapeur pour
faire ce trajet avec promptitude, commodité et sûreté ; ou sinon un
bateau à vapeur, du moins de belles embarcations qui offriraient
presque l'équivalent.

Certes, tant que l'on tiendra à ménager de petits intérêts particu-
liers, divisés et inconnus, traînant misérablement dans la boue les plus
utiles branches de l'industrie qui méritent d'être perfectionnées, nous
vivrons toujours dans la gêne et dans l'incommodité des temps passés,
pendant qu'en France les moyens de transport et de communication
sont poussés à un si haut degré de perfection.

Il y a peu de temps qu'un négociant de Saint-Louis demanda un privilége pour creuser des puits artésiens : il fut éconduit. Qui sait si,
par ce refus, on n'a pas privé le Sénégal d'une révolution complète à
son avantage? Car, il est permis de croire qu'une irrigation permanente
d'eau douce produirait chez nous ce qu'elle produit dans tous les
pays chauds, une végétation spontanée et abondante. Mais nous en
sommes demeurés là, et rien n'a prouvé que nous n'ayons pas d'eau
dans les profondeurs de la terre au Sénégal.

CHAPITRE XIII.
DES VOLEURS ET DES CONDAMNÉS.

Que quelques observations sur la législation du Sénégal me soient
permises, peut-être seront-elles trouvées dignes d'attention et suscep-
tibles de provoquer quelques modifications. Les coupables de vol avec
bris, effraction, escalade et quelquefois à main armée, car les noirs
sont toujours armés d'un poignard, sont assimilés aux auteurs de sim-

ples délits d'escroquerie et de filouterie ; ils sont passibles des mêmes peines, la détention à temps, portée à cinq ans s'il y a récidive.

Les condamnés à la prison sont rationnaires de l'État, par conséquent bien nourris. Cette nourriture ne diffère en rien de celle du soldat noir. Ils sont bien habillés, bien couverts, jouissent de la ration de tabac ; on les fait sortir tous les matins accompagnés d'un agent avec lequel ils sont camarades. Ils portent chacun un balai sous le bras ; ils fabriquent, en marchant tranquillement et en fumant leurs cigares, des tresses en paille pour se faire des chapeaux ; ils visitent en passant quelques bouts de rues et lieux publics, qu'ils simulent de balayer. Ennuyés de marcher ensemble, ceux qui le veulent se détachent, vont voir leurs femmes, leurs parents ; d'autres vont au cabaret ; puis enfin, quand l'heure du dîner arrive, ils se rallient à la demeure commune ; et si la viande et la préparation des rations sont défectueuses, ils sont les premiers à se plaindre, et on leur fait justice. Car, à Saint-Louis comme en France, la philanthropie se trompe en exerçant ses plus sublimes vertus sur les individus les moins dignes de son intérêt, c'est-à-dire sur les criminels, pendant que d'honnêtes ouvriers, pères de famille, sont dans la gêne la plus cruelle.

Aussi, cette vie monastique leur plaît-elle si bien, que lorsqu'un prisonnier a fini son temps il cherche à se faire condamner de nouveau, et revient trouver ses anciens camarades. Et pourquoi ne le ferait-il pas ? N'est-il pas plus heureux que s'il était obligé de travailler pour moins bien vivre et se couvrir ? Ne l'est-il pas encore plus que s'il appartenait à un maître qui le mènerait comme un mauvais sujet, peut-être trop rudement, au travail ? Ensuite, là, sous la protection immédiate du ministère public, il se croit le droit d'insolence et en use à volonté. Il apostrophe ou son maître ou celui qui a dénoncé ses vols, et il n'est point réprimandé ; mais s'il était en prison au lieu de fainéanter dans les rues du matin au soir, cela n'arriverait pas. Aussi je considère la punition infligée aux voleurs comme dérisoire, ou plutôt comme une prime d'encouragement accordée au crime. Ce système de laisser libres les prisonniers pour vol, n'a pas le seul inconvénient d'éluder les rigueurs de la loi, mais, par la facilité qu'ils ont de déserter, ils se réfugient dans les environs de Saint-Louis, d'où ils reviennent la nuit en plus grand nombre exercer leur métier sur une plus grande échelle, sûrs qu'ils sont de l'impunité. Les captifs ne reviennent plus. Munis d'une fortune mal acquise, ils vont dans d'autres pays s'établir, et les maîtres sont lésés de leurs valeurs. Ils pourraient bien les réclamer au gouvernement, car, pour eux, leurs esclaves infidèles et coupables sont sensés en prison sous sa responsabilité.

Les engagés à temps, par exemple, ont mérité la prison par leurs méfaits, ne serait-il pas de toute justice que, devant à leurs engagistes quatorze ans révolus de service, le temps qu'ils passent en prison par leur faute fût pour leur compte particulier? Sans quoi il leur serait facultatif de passer tout le temps qu'ils doivent pour leur rachat en condamnations de ce genre, qui, pour les noirs, loin d'être déshonorantes, sont au contraire, d'après la doctrine que prêchent les marabouts, un acte digne du paradis de Mahomet.

On voit que les peines appliquées aux malfaiteurs, au Sénégal, ne sont pas de nature à en diminuer le nombre; au contraire, ce nombre s'accroît d'une manière à donner véritablement des craintes. Il serait urgent de changer de système, et le meilleur, je crois, serait celui de la déportation à temps. Nos établissements du bas de la côte nous offrent pour cela une ressource. Avec l'application dans ces lieux d'un travail rude, utile et même lucratif, cette mesure aurait le double avantage de dépeupler notre île de voleurs, de mauvais sujets, et celui de fournir à nos établissements de bons manœuvres, qu'une discipline et une occupation continuelles ramèneraient peut-être à de meilleurs sentiments.

CHAPITRE XIV.
RACHAT DES ESCLAVES A VIE A SAINT-LOUIS.

Les engagés à temps étaient voués, dans leur pays, à un esclavage éternel, à un esclavage qu'il faut avoir vu pour le bien connaître. A peine si on dit assez en assurant que la mort est cent fois préférable.

Ces malheureux, qu'un bonheur inespéré conduit sur nos établisse-

ments, arrivent dans l'état le plus déplorable. Une faim dévorante les
a minés. Les maladies de tout genre et la vermine les rongent. Nus
comme des vers, leur peau tombe en lambeaux. Eh bien, introduits
dans cet état dans notre île par des marchands inhumains qui ne leur
ont jeté une nourriture grossière et insuffisante, pendant un long et
pénible trajet, que pour les empêcher de succomber entièrement et
ne pas perdre leur prix, dans cet état, dis-je, ils trouvent parmi
nous, dans nos lois, une renaissance à la vie, l'état social, la liberté
individuelle, la civilisation, et surtout cette abondante et saine nourriture si nécessaire au développement des facultés physiques et mo-
rales. Ils arrivent jeunes, quatorze années d'un service doux et pai-
sible, je dirai plutôt d'apprentissage à la vie sociale et laborieuse, à la
connaissance des langues, des mœurs et de la religion, leur sont im-
posées pour payer cette dette sacrée envers la colonie. Au bout de
cette époque, ils deviennent citoyens dans toute la plénitude de leurs
droits; ils exercent, pour leur propre compte, les métiers et indus-
tries qu'ils ont appris parmi nous; ils font le commerce, ils gagnent
des fortunes et deviennent propriétaires notables. Quelle faveur im-
mense! Seulement, il serait à désirer que tous la méritassent également.

A côté d'eux, nés dans nos maisons, élevés avec nous, avec nos
enfants, nous étant attachés de la vie à la mort, ayant fait et faisant
encore nos fortunes par leur aptitude au travail, leur intelligence dans
le commerce et leur fidélité, existe une autre classe d'hommes dont
les vertus reconnues n'ont point encore attiré l'attention bienveillante
du gouvernement. Je veux parler de ceux que l'on qualifie de *captifs
de caze*, natifs de Saint-Louis ou introduits fort jeunes; esclaves à
vie auxquels aucune loi ne vient en aide pour améliorer cette condition si pénible pour celui dont le caractère l'a placé au-dessus.

Cette classe est, sans contredit, la plus intéressante et la plus utile à la
colonie. Nos traitants noirs libres, riches et considérés, sortent presque
tous de cette catégorie de braves gens. Ils doivent cette position chère
et nouvelle pour eux, à leurs bons antécédents; aux services éminents
qu'ils ont rendus à des maîtres, qui, par reconnaissance, leur ont
donné cette liberté ou leur ont facilité les moyens de l'acquérir. Mais,
malheur à ceux à qui la sordide avarice ou plutôt l'orgueil tyrannique

de leurs maîtres a ôté tout espoir d'être rendus, par quelque moyen que ce soit, à la liberté; ceux-là n'ont en perspective pour l'avenir, ni bien-être, ni faculté d'agir selon leur volonté, ni celle de posséder quoi que ce soit; et pourtant, à cette classe abandonnée appartiennent presque tous nos meilleurs ouvriers de la colonie, sur les talents desquels, depuis leur jeunesse, on spécule pour faire fortune, sans que ces braves gens, par dégoût de leur position, se rebutent et se refusent à se rendre utiles.

Je ne veux point dire que les esclaves honnêtes gens soient maltraités par leurs maîtres ou méprisés, bien s'en faut; sous ce rapport leur état n'a rien de pénible; au contraire, ils font partie de la famille du patron, et l'on peut dire qu'il n'existe à cet égard aucune distinction entre le libre et le captif. Mais n'est-il pas juste que ceux-là qui ont le plus de mérite, dont l'attachement pour leurs maîtres, si rare dans les autres colonies, est si grand qu'il est cité pour exemple par tous ceux qui connaissent le Sénégal, n'est-il pas juste, dis-je, qu'ils aient une part aux bienfaits d'une loi qui ne saurait les repousser dans ce qu'ils ont de plus cher, puisqu'elle protége des inconnus arrivant de pays lointains?

Je sais qu'il en coûterait beaucoup aux captifs bons sujets et considérés, de faire intervenir, pour obtenir leur liberté, une mesure qui, bien certainement, ne serait prise que pour les bons parmi eux et les mauvais parmi les maîtres. Nous pourrions citer beaucoup de maîtres auxquels un appel à leur générosité ou l'application de la loi serait inutile. Ils ont donné de fréquents exemples de leur bon cœur, dignes d'être imités, et continueront de le faire quand l'occasion se présentera.

En sollicitant une loi en faveur des captifs à vie, je n'ai point entendu frustrer les maîtres du prix de leurs captifs; seulement, je voudrais que, par une ordonnance royale, il fût donné à un esclave reconnu bon sujet, et qui en aurait légitimement acquis les moyens, la faculté d'obliger son maître à son rachat. Ce rachat forcé, pour bien des considérations, ne devrait avoir lieu qu'après l'âge de trente ans pour les hommes et vingt-cinq ans pour les femmes; si ce n'est, toutefois, celui qu'un père veut obtenir pour ses enfants et qu'il pourrait à tout âge. Une commission formée d'employés et d'habitants notables statuerait sur la moralité connue du réclamant, sur la provenance légitime du montant de son rachat, et sur le prix estimatif de ce rachat, Pour cette estimation, on devrait s'en rapporter autant que possible au taux des rachats qui ont eu lieu précédemment. Cette base concilierait mieux et les intérêts et les esprits des parties.

La législation de Saint-Louis a mis en vigueur dans la colonie un article du Code noir qui produira l'effet tout contraire à celui qu'elle s'est proposé. Son but tend nécessairement à l'émancipation de l'esclavage, et la mesure adoptée, selon mon opinion, doit en arrêter l'élan. Quand le don de la liberté à un esclave par son maître est volontaire et facultatif, pourquoi imposer à celui-ci des conditions dont la moindre peut le détourner de l'œuvre charitable qu'il se proposait d'accomplir? N'est-ce pas déjà un succès heureux que l'obtention d'une émancipation sans la faire dépendre d'un autre qui neutralisera souvent l'exécution d'une généreuse intention?

CHAPITRE XV.

DE LA LIBERTÉ DES MÈRES A L'ÉGARD DE LEURS ENFANTS.

Le Code noir, qui n'est point promulgué au Sénégal, mais auquel on emprunte au besoin des applications, dit que les enfants, jusqu'à un âge que je ne saurais préciser, doivent suivre la condition de la mère. Ce système peut être bon pour les colonies de l'ouest; mais au Sénégal, il est contestable. On ne s'est point encore arrêté sur l'âge voulu de l'enfant, qui paraît devoir être fixé au moins à huit ans. Il ne faut pas avoir une bien grande connaissance du pays pour envisager, du premier abord, combien sera nuisible à la libération de bien des femmes l'application d'une semblable loi. Ces femmes pourraient obtenir de leurs maîtres cette faveur, qu'elle leur sera refusée si elle doit en entraîner d'autres qu'on ne voudra pas accorder. Le nombre de femmes qui ont obtenu leur liberté en échange de leurs bons services est considérable. Il est même d'usage chez les habitants notables, que les nourrices et les porteuses d'enfants soient libérées. Cet usage tombera dès que deux ou trois enfants devront obtenir la même faveur.

On dit qu'il y a de la barbarie à séparer la mère de l'enfant en bas âge ; cela se conçoit lorsqu'il s'agit d'un partage ou d'une vente. Mais à Saint-Louis il est d'usage qu'on ne peut séparer la mère de l'enfant avant quatre ans. A cet âge l'enfant est séparé de sa mère pour entrer en apprentissage, mais il n'en est point éloigné. Sa mère peut le voir à chaque instant et même le faire loger avec elle sans dépendre du même maître. Si je m'élève contre cette mesure, c'est qu'on veut lui donner une latitude trop étendue, contraire aux principes de l'humanité. Il est toujours bien entendu que, lorsque, par un sentiment de reconnaissance, on veut donner la liberté à une femme, on n'entend pas par cet acte la séparer de ses enfants. Au résumé, avant de partir du Sénégal, j'ai voulu affranchir trois négresses pour leurs bons services ; à elles trois elles ont sept enfants dont le plus âgé a huit ans. Eh bien ! à cause de leurs enfants, elles n'ont pu obtenir leur liberté. Et je n'offrirai pas seul des exemples de cette retenue, si l'article du code noir est maintenu sans réserve, mais j'espère qu'il en sera autrement et qu'il nous sera donné la faculté pleine et entière de libérer ceux de nos captifs qui auront su mériter leur liberté.

CHAPITRE XVI.

RENVOIS DES CAPTIFS DE L'ENTREPRISE DES TRAVAUX PUBLICS ; LEURS CONSÉQUENCES.

On m'écrit du Sénégal que, par l'injonction d'une dépêche ministérielle récente, l'administration de la marine avait exclu des travaux du gouvernement tous les captifs de l'île. Si cela est vrai, on doit considérer cette mesure comme très-fâcheuse sous plusieurs rapports. Premièrement, ces captifs seront privés d'emplois, qu'on donnera à des étrangers (parce que les gens libres ne se louent pas), qui leur assuraient la moitié de leur solde et leur facilitaient les moyens de ramasser le montant de leur rachat. Deuxièmement, il était juste qu'ils eussent la préférence sur des étrangers, la plupart nos ennemis, pour tous les travaux du gouvernement, parce que lorsqu'il faut prendre les armes pour chasser les pillards et guerroyeurs, ils sont les premiers partis. Troisièmement, comme je l'ai dit, les gens libres n'entreprennent jamais les travaux du gouvernement; il n'y a de bons manœuvres, de bons laptos et ouvriers en tout genre que dans les captifs; par conséquent, l'administration de la marine en sera désormais dépourvue et éprouvera bien des contrariétés.

CHAPITRE XVII.

RACHAT DES CAPTIFS PRISONNIERS DES MAURES.

Deux arrêtés successifs, l'un de M. Brou en 1830, l'autre de M. Pugeot en 1835, interdisent l'achat des captifs provenant de pillages faits dans les environs de Saint-Louis. La volonté de ces arrêtés a été accomplie, mais l'effet a été pire que le mal qu'on a voulu éviter.

Ce sont les Maures qui pillent dans les environs. Le Yolof et le Cayor sont principalement les théâtres de leurs incursions. Autrefois, lorsqu'ils avaient fait des captifs, ils ne les amenaient point à Saint-Louis, mais ils s'arrêtaient sur les rives du Waloo et donnaient le temps aux parents de ces malheureux de venir les faire racheter par les habitants de Saint-Louis, qui, par accommodement avec les parties, les gardaient jusqu'à ce que le prix leur en fût remboursé. Les arrêtés sont venus mettre fin à ces transactions officieuses, mais n'ont pu anéantir en même temps le besoin qu'ont les Maures de piller. Il aurait fallu faire comprendre l'esprit de ces arrêtés dans le désert, chez les Maures; mais impossible. Il importait peu à ces pillards de profession que ce fussent les habitants de Saint-Louis ou d'autres qui achetassent leurs captifs : et dès qu'ils ont eu connaissance des obstacles soulevés par les gouverneurs, sans ralentir le moindrement leurs cruelles habitudes, ils ont transporté les produits de leurs maraudes plus loin, chez les Maures Wadann au-dessus du cap Blanc. Il en résulte que nos voisins du

Cayor et du Yolof n'ont plus la ressource qu'ils avaient autrefois de faire racheter leurs enfants. Ils se voient enlever leurs familles sans espoir de jamais plus les revoir. Conduites dans ce pays lointain, elles sont livrées à la race la plus cruelle qui foule du pied le sol de l'Afrique. Les parents éplorés, ne trouvant plus chez nous de remède à leurs maux, nous comprennent dans les malédictions que leur arrachent leurs douleurs. En effet, comment a-t-on pu supposer que si les Maures de nos environs se livraient au pillage, c'était à cause de nous, et que nous privant d'acheter les fruits de leurs maraudes ils ne pilleraient plus? Quelle erreur! ne sait-on pas que c'est un besoin insurmontable chez les Maures que celui du vol et de la rapine? C'est par goût, par entraînement naturel qu'ils se livrent à ce genre de vie aventureuse : il leur faut la guerre, du sang et du butin, et, ne pouvant quelquefois mieux faire, ils se pillent entre eux. Lorsqu'ils sont en guerre avec quelque nation, s'ils ne peuvent vendre leurs prisonnier, ils les tuent. J'ai été témoin à Galam, en 1823, de l'assassinat de huit cents prisonniers maures des Bambaras faits sur les Foulles du Fouta ; il nous était interdit de les acheter.

Ainsi, les Maures continuant plus que jamais leurs pillages chez nos voisins font disparaître leurs captifs. Il serait donc important pour la colonie que ces arrêtés, d'un effet si funeste, fussent rappelés, et qu'il nous fût permis, lorsque nous le pourrons, de venir au secours des pauvres victimes des pillards en apportant un adoucissement à leurs peines : mais ce qu'il importerait beaucoup mieux, et dans l'intérêt de l'humanité et dans celui de la colonie, serait d'organiser chez les peuples victimes de ces atrocités un système de défense, en nous les attachant par des traités auxquels ils ne seraient pas éloignés de souscrire.

CHAPITRE XVIII.

PROPAGATION DE LA RELIGION CHRÉTIENNE
AU SÉNÉGAL.

La religion chrétienne, dont l'efficacité est si grande, opérerait au Sénégal une révolution qui relèverait le pays de l'état de barbarie dans

lequel il est plongé. Aidée d'une colonisation agricole et de l'extension
à donner au commerce, elle y amènerait une prompte civilisation.
Mais sa propagation rencontre tant d'obstacles que les efforts de ses
dignes ministres sont malheureusement trop infructueux. Comment
donc a fait Gorée, où presque toute la population noire est chrétienne ?
Je l'ignore ; cependant, je crois que sans rompre en visière avec l'isla-
misme, on pourrait avec du temps, de la douceur et de la persuasion,
faire beaucoup de prosélytes. Il faudrait d'abord chasser de la colonie
les marabouts étrangers, ces fauteurs de désordre public, que j'ai si-
gnalés dans ces notes comme les plus puissants ennemis de notre religion ; l'île, délivrée de l'influence de ces fanatiques, jouirait d'une paix
parfaite.

Personne n'ignore l'union et l'attachement qui existent entre les
habitants notables de l'île et leurs captifs ; personne n'ignore ce que
pourraient les dames et les demoiselles du Sénégal sur les jeunes mères
négresses de leurs maisons. On sait aussi que chaque nouveau-né porte
le nom de l'une des demoiselles ou de l'un des garçons du maître ; que
ces petits enfants sont élevés dans la famille de celui-ci. Eh bien ! je
crois que si ces dames voulaient user de leur douce influence sur ces
jeunes pères et mères pour tenter une conversion en faveur de leurs
enfants, en s'offrant pour marraines, ils ne refuseraient pas et seraient
même peut-être flattés de l'intérêt qu'on leur témoignerait dans cette
circonstance ; car ils ne manqueraient pas de reconnaître que cet acte
serait pour eux un rapprochement sensible vers leurs maîtres. Le
nombre de ceux qui accueilleraient de suite cette faveur serait au
moins aussi grand que celui de ceux qui la repousseraient, les captifs ne pouvant rien refuser à leurs maîtres ; et ce serait l'occasion d'user de cette influence en considération de la sainteté du motif.
Mais, je le répète, il faut le concours généreux des dames du pays.
et j'ose espérer qu'il ne sera pas refusé à nos dignes ecclésias-
tiques.

Souvent aussi on acquiert les services d'engagés à temps en bas
âge. Ces petits enfants n'ont aucune religion. Il serait facile, élevés
par des chrétiens, de les baptiser et de les instruire dans cette voie ;
ils ne demandent que la grâce de Dieu, ils la trouveraient dans notre
religion.

CHAPITRE XIX.

DE L'IMPORTANCE D'UN SÉJOUR PROLONGÉ DE LA PART DES GOUVERNEURS DU SÉNÉGAL.

A la suite de toutes les modifications et améliorations que j'ai signalé devoir être apportées dans la colonie, et que ma faible expérience croit nécessaires au bonheur du pays, il en est une qui serait d'une bien plus grande importance, et qui bien souvent a été sollicitée par la colonie auprès du gouvernement du roi : c'est le séjour prolongé du gouverneur au Sénégal. Tous les honorables officiers qui viennent prendre le gouvernement de la colonie, sont animés de la meilleure volonté. Leurs capacités ne sont pas douteuses, leurs efforts sont inouïs pour faire le bien du pays; mais pendant quelque temps il leur manque l'expérience; il faut qu'ils se livrent à une étude rigoureuse et pénible; et lorsqu'ils ont acquis la connaissance du pays et des choses, qu'ils peuvent d'une main hardie diriger les rênes d'un gouvernement ferme et bienveillant, ils nous sont enlevés pour passer à des fonctions plus élevées, et nous retombons de nouveau dans le même inconvénient. La colonie sollicite du roi de prendre en considération ces observations pour le bonheur de ses habitants; et cela est d'autant plus évident que depuis 1817, c'est-à-dire depuis une trentaine d'années, la colonie compte plus de 25 gouverneurs.

La colonie du Sénégal a acquis d'elle-même assez d'importance et se trouve dans une position assez intéressante, pour qu'elle doive attirer sur elle la bienveillance du gouvernement. Aucune colonie n'a si peu coûté qu'elle à la métropole; et on peut s'assurer de quelle ressource elle est à nos manufactures et au sol français, en considérant les masses de produits manufacturés et territoriaux qui s'importent et se consomment sur notre place. N'est-elle pas aussi possesseur de produits pour lesquels les nations voisines seront toujours tributaires de la France? Et cependant aucune subvention n'est faite à notre budget ordinaire de dépenses du personnel pour nous agrandir, pour restaurer notre ville, pour former des établissements et des édifices de première nécessité, pour faire enfin un peu participer notre pauvre colonie à ces embellissements et à ces commodités d'invention moderne et de construction coûteuse qui sont répandus à profusion sur le territoire français. Serions-nous oubliés de la mère-patrie et regardés comme des enfants ingrats? Oh! non, nous serons écoutés, et sur nous, comme sur toute la France, rejailliront les heureux effets de la sollicitude du gouvernement du roi, et, en particulier, de celle de monsieur le Ministre de la marine.

FIN.